CHANT DU SACRE

DE

SA GRANDEUR

MONSEIGNEUR JEAN-BAPTISTE-JOSEPH

LEQUETTE

ILLUSTRISSIME & RÉVÉRENDISSIME

ÉVÊQUE D'ARRAS

BOULOGNE ET SAINT-OMER

6 AOUT 1866.

SAINT-OMER
Imprimerie Fleury-Lemaire, rue de Wissocq.
1866.

CHANT DU SACRE.

CHANT DU SACRE

DE

SA GRANDEUR

MONSEIGNEUR JEAN-BAPTISTE-JOSEPH

LEQUETTE

Illustrissime & Révérendissime

ÉVÊQUE D'ARRAS

BOULOGNE ET SAINT-OMER

6 AOUT 1866.

SAINT-OMER
Imprimerie Fleury-Lemaire, rue de Wissocq.
1866.

CHANT DU SACRE.

L'airain a retenti ; l'auguste basilique
Comme aux solennités revêt sa gloire antique ;
Les plus riches tissus de soie et de velours
Du chœur resplendissant ont drapé les contours ;
Des ornements pompeux, de colonne en colonne
Ont relié l'autel au front même du trône
Où le sceau de l'Élu, comme un divin blason
Montre le Sacré-Cœur dans un pur écusson.
Aux abords du portique et par masses profondes,
Comme un fleuve bruyant qui roule au loin ses ondes,
La foule passe et suit l'insigne Autorité
Qui s'avance avec ordre et dans sa dignité.
Silence ! tout est prêt ; l'estrade triomphale

Va déployer aux yeux la pompe épiscopale,
Et, comme aux plus beaux jours des fêtes de Sion,
Reproduire l'éclat des grandeurs d'Aaron.
Sous un baldaquin d'or aux riches draperies
Deux Autels vont mêler leurs saintes harmonies,
Et, dans un même accent prescrit par le Seigneur,
Unir l'Élu d'Arras à son Consécrateur.
Tout s'anime : aux autels de longs jets de lumière
Répandent leurs clartés sur le bronze et la pierre,
L'encensoir allumé demande l'encens pur,
De ses parfums le dôme attend les flots d'azur ;
Sur le brillant clavier, l'orgue, enfant du génie,
Prépare ses concerts de douce mélodie,
Et la grande maîtrise et les chœurs triomphants
Préludent en accords à de sublimes chants.
Des pouvoirs du Pasteur l'instrument et le signe
Voilà le pain, le vin, l'anneau, la mître insigne,
La Crosse épiscopale et les barils sacrés......
Dans l'ampoule voici l'olive aux flots dorés
Désignant du Prélat la puissance et la marque,
Comme le pur bandeau sur le front d'un monarque.
Et soudain dans la foule un long tressaillement
Du Sacre solennel annonce le moment.

Silence encor ! c'est l'Élu même !
Illustre et grand Consécrateur,
Prenez l'éphod et le Saint Chrême,
Donnez un Pontife au Seigneur !
L'Élu s'avance et Dieu Le guide ;
Saint Vaast Le couvre de l'égide
Que sa main portait aux combats ;
Comme sa gloire et sa couronne
Autour de Lui marche et rayonne
Un cortège de sept Prélats [1].

Église d'Arras, Mère illustre,
Tu revois l'un de tes enfants
Rehausser aujourd'hui le lustre
De tes âges resplendissants.
Triomphe ! en ta noble mémoire
Comme un fruit de ta vieille gloire
Ton cœur parmi nous L'a porté !
Le voilà, ta sève et ta vie !
Qu'Il s'épande et qu'Il multiplie
Tes fils pour l'immortalité !

[1] NN. SS. les Archevêques de Cambrai, Prélat consécrateur, de Bourges et de Myra ; NN. SS. les Évêques de Nevers et d'Amiens, Prélats assistants, de Beauvais et de Basilide.

Son front radieux s'illumine
Aux clartés de l'Esprit d'amour ;
Un grand sentiment le domine,
Le saint nœud qu'Il forme en ce jour !
Arras avait dit : qu'on L'élise !
Des plus grands Princes de l'Eglise
Son Sacre était le premier vœu.....
En formulant son choix suprême,
L'Empereur redisait lui-même :
« La voix du peuple, voix de Dieu ! »

Sous l'hermine du Grand Vicaire
Perçait la pourpre du Prélat ;
Dès longtemps Rome et le Saint Père
Lui réservaient l'Épiscopat.
Partout son nom levait le voile,
Son front brillant portait l'étoile
Des d'Auvergne et des Parisis ;
Le Christ Les envoie à son heure
Et rien ne change, la demeure
Retrouve un Père dans le Fils.

Qu'Il vienne, et soit Pontife et Maître !
Qu'Il porte l'Onction des Rois !
Il suffisait de Le connaître
Pour aimer son règne et ses lois !
Qu'Il vienne, et le peuple docile
Dans les sentiers de l'Evangile
Marche d'un signe de sa main ;
Et l'amour, l'hommage et l'ivresse
Comme un cri de vive allégresse
Vont éclater sur son chemin.....

O terre d'Artois, sur ta plage,
Tu L'as vu comme un lys des champs
S'élever, fleurir, à tout âge
Verser des parfums odorants !
Aujourd'hui sur l'autel splendide
Où sa vertu brille et préside
La fleur embaume le Seigneur ;
La tige, divine culture,
Est à jamais la nourriture
De la brebis et du Pasteur !

Ecoutez ! les sacrés Oracles
Proclament son nom glorieux.
Jusques au fond des tabernacles
A retenti la voix des Cieux :
« Pontife, présidez au Sacre !
« C'est Dieu même qui Le consacre
« Chef du temple et de l'encensoir ! »
Le peuple ému prête l'oreille,
Et du regard suit la merveille
Qui confère un divin pouvoir.

L'Eglise catholique
Dit le premier Prélat,
Pour l'Élu de la basilique
Vient demander l'Episcopat.

L'ARCHEVÊQUE CONSÉCRATEUR :

Du siège apostolique,
Avez-vous le mandat ?

LE PRÉLAT :

Nous l'avons :

L'ARCHEVÊQUE CONSÉCRATEUR :

Qu'on le lise !....

. . . .

Élu, sur l'Évangile, au Saint Père, à l'Église,...
De vos serments sacrés formulez la teneur....

. . . .

L'ÉLU :

Que Dieu me soit en aide, et j'obéis de cœur.

L'ARCHEVÊQUE CONSÉCRATEUR :

Voulez-vous rassemblant le peuple dans le temple,
L'instruire dans la foi, le prêcher par l'exemple ?

L'ÉLU.

Je le veux.

L'ARCHEVÊQUE CONSÉCRATEUR :

Des docteurs conservant le flambeau,
Par les traditions enseigner le troupeau ?

L'ÉLU :

Je le veux.

L'ARCHEVÊQUE CONSÉCRATEUR :

A la Foi comme aux clefs de saint Pierre,
Au Souverain Pontife, à ses droits, à sa chaire,
Promettez-vous l'hommage et la fidélité ?

L'ÉLU :

Je le promets au nom du Dieu de vérité.

L'ARCHEVÊQUE CONSÉCRATEUR :

Voulez-vous étranger à tout lucre cupide
Par la grâce, l'amour et le zèle intrépide
N'aspirer que le Christ et la gloire du Ciel ?

L'ÉLU :

Que Dieu me soit en aide !

L'ARCHEVÊQUE CONSÉCRATEUR :

Aux pieds de l'Éternel
Porterez-vous l'encens d'un cœur pur et sincère?
A l'orphelin qui pleure, au pauvre en sa misère,
Offrirez-vous toujours le conseil et l'appui?

L'ÉLU :

Je le promets.

L'ARCHEVÊQUE CONSECRATEUR :

Que Dieu vous entende aujourd'hui !
Qu'il vous donne ces biens, qu'il en ajoute d'autres
Et vous garde la foi qui fait les grands apôtres !

. . . .

Écoutez ! Croyez-vous la doctrine de foi :
La Trinité, le Christ, l'Évangile et sa loi ;
Le Saint-Esprit vrai Dieu, l'Église catholique....

Jetez-vous l'anathème à la secte hérétique ?
Le symbole en tout point reçoit-il vos serments,
Tenez-vous pour divins les deux Saints Testaments ?
. . . .

L'ÉLU :

Je crois comme l'Eglise ; et que Dieu m'aide à croire !

L'ARCHEVÊQUE CONSÉCRATEUR :

Seigneur ! soyez un jour son bonheur et sa gloire !

Devant Dieu l'Élu prosterné
Près du Consécrateur qui reste couronné
Répand son âme et sa prière.

Vers toi, Seigneur, au Sanctuaire,
Par mon cœur, par ma voix tout le jour j'ai crié ;
N'exauceras-tu pas celui qui t'a prié
Avec son âme toute entière ?

Regarde ce peuple incliné,
De toutes les tribus accouru dès l'aurore ;
Comme un autre Israël, Le voilà qui t'implore
Pour moi qui lui suis destiné !

Ecoute sa voix suppliante !
Ton Esprit fait parler les vœux de tes enfants ;
Ils m'ont voulu pour Père et par tes soins touchants
Tu viens couronner leur attente !

Ah ! donne-moi ce cœur nouveau,
Le cœur que tu formais, Seigneur, quand le prophète
Versait l'huile aux flots purs et consacrait la tête
D'un Élu promis au troupeau.

Que pour lui je vive et m'immole !
Que je n'aime que toi, Seigneur, et ton bercail !
Que mes jours saintement consumés au travail
Le nourrissent de ta parole !

Ton souffle inspire le Pasteur ;....
C'est dans son propre sang que le Christ les consacre,
Sainte Église d'Arras, je te donne à mon sacre
L'amour et le sang de mon cœur.

Tu l'entends ce cri de mon âme :
Pour le salut du peuple, et ta gloire, ô mon Dieu,
Consumer par l'amour tout mon cœur au saint lieu,
Est le seul désir qui m'enflamme !

Je combattrai le bon combat ;
Le Christ sera ma loi, mon drapeau, mon armure ;
A son premier signal, de la Vérité pure
Je ferai resplendir l'éclat.

Je vois le siècle et ses ténèbres....
Il a tendu l'erreur comme un vaste réseau,
Il veut envelopper la plaine et le troupeau
D'ombres sanglantes et funèbres ;

Je viens armé comme un guerrier,
Contre les Philistins j'apporte l'Arche Sainte,
Enfants du Dieu des forts, marchez, marchez sans crainte,
J'ai pour vous l'immortel laurier.

Je veux que l'épreuve à toute heure
Puise un baume de vie à mon calice d'or.
Qui souffre, que mon cœur ne souffre plus encor?
Qui gémit sans que je ne pleure?

Le Ciel a rendu son décret ;
Pour conquérir le monde à tes divins symboles,
Je sens ton Evangile ouvert sur mes épaules,
Seigneur ! me voici, je suis prêt.

Il s'est levé, soudain, d'une voix solennelle,
L'Archevêque consécrateur,
Comme inspiré de Dieu, lui déroule et rappelle
Les plus grands devoirs du pasteur :

Écoutez, ô mon fils ! par l'Onction sacrée,
Pour l'Église de Dieu votre âme est consacrée,
Comme autrefois Āron pour les fils d'Israël ;
Le Christ vous a donné son Esprit immortel,
La sagesse, l'amour, la paix qui surabonde,
La force et la vertu qui triomphent du monde.
Tous vos pas seront prompts pour évangéliser ;
On verra votre zèle ardent pour tout oser,
Et même, s'il le faut, comme aux temps des miracles,
Les prodiges viendront confirmer vos oracles.
Portez, portez partout la grâce de la croix,
Du Seigneur, désormais, votre voix est la voix.
Pontife du Très-Haut, pour le salut de l'homme,
Vos mains tiennent les clefs du céleste royaume;
Remettez ! Dieu remet ; Retenez ! Dieu retient ;
Jugez ! Dieu sanctionne ; Ordonnez ! Dieu maintient.
Il est maudit celui qui vous crie anathême,
Il est béni celui qui vous bénit lui-même !
Dieu vous donne en ce jour la puissance et le nom
D'un père de famille au sein de sa maison ;
Pour vos fils, vont couler des heures fortunées,
De grâces, d'harmonie et d'amour couronnées ;
En tout lieu relevez le courage abattu,
Soutenez l'indigence et semez la vertu.

De l'immense bercail la forme et le modèle,
On Vous verra partout, à vos serments fidèle,
Reproduire le Christ doux, bon, humble de cœur,
Et marcher d'un pas ferme aux sentiers du Seigneur.
Dieu confie à vos soins la chaire épiscopale,
Régnez et gouvernez l'insigne cathédrale,
Des Grands Prélats éteints rallumez le flambeau,
Continuez leur œuvre, et sauvez le troupeau.

Il a dit, et soudain l'illustre basilique
De la douce concorde entonne le cantique :

[1] Oh ! l'aimable fraternité
De tout enfant de l'Évangile !
Un même cœur au même asile
Dans la paix le tient abrité !

[1] Ps. ecce quam bonum ut quam jucundum, etc.

Pareille au baume sans mélange
Qui du front d'Aaron descend
Tout le long de son vêtement
Dont il vient parfumer la frange !

Telles des purs sommets d'Hermon
Découlent les douces rosées,
Et sur tes pentes arrosées
Répandent la joie, ô Sion !

O charme heureux de l'harmonie,
Où règnent l'amour et la paix !
Là coulent, Seigneur, à jamais,
La miséricorde et la vie !

Silence ! le Pontife assis
(O nouvel et touchant spectacle) !
A l'auguste Prélat, son fils,
Remet les attributs bénis
Et prononce un divin oracle :

Dans vos mains, comme Samuël,
J'ai formé l'Onction des Rois et des Prophètes,
A se lever vers Dieu tenez-les toujours prêtes,
Remplissez-les des biens du ciel.
Ce que vous toucherez, désormais, sur la terre,
A l'ombre du bercail ainsi qu'au sanctuaire,
Sera béni par l'Éternel.

Comme emblême du sacrifice,
Ces deux barils que Dieu dépose dans vos mains,
Signalent la grandeur de vos droits souverains
Pour célébrer le Saint Office.
Recevez ces flambeaux plus brillants que le jour ;
A leurs pures clartés, dans un céleste amour,
Que le peuple au Pasteur s'unisse!

Ce bâton sacré, sous vos doigts,
Du pouvoir paternel est l'honneur et le signe ;
Vous le tenez du Christ, comme la force insigne
Qui fait partout règner ses lois.
Marchez, réglez, jugez ; au joug de l'Évangile
Ce bâton formera votre peuple docile,
Il a la vertu de la croix !

Appuyez votre bras sans crainte,
Dominez par ce signe et ne faiblissez pas ;
C'est l'armure du ciel pour l'heure des combats,
C'est le salut de l'Arche Sainte;
La force du pouvoir, unie à la bonté,
Montre du Dieu vivant la douce majesté
Dont elle est l'immortelle empreinte.

Recevez ce brillant anneau,
De l'épouse fidèle il est le pur emblème,
A votre doigt le Christ veut le mettre lui-même
Comme sa gloire et son joyau ;
D'un éternel amour son rubis est le gage,
Emportez-le, mon fils, il est votre héritage,
Et Dieu l'a marqué de son sceau.

Si jamais l'hérésie altière
(Astre errant et perdu dans les sphères des cieux),
Sur le peuple jetait ses voiles ténébreux,
Faites resplendir sa lumière ;
Cet anneau fut trempé dans le sang du Sauveur ;
Et, pour les saints combats, il a contre l'erreur
La force de Dieu tout entière.

Portez l'Évangile aujourd'hui
Comme un livre de vie à votre Église, au monde :
C'est sa vertu qui sème et sa foi qui féconde,
Vous êtes consacré pour lui.
Montrez Dieu dans sa lettre et le Christ dans son texte ;
A sa voix confondez erreur, doute, prétexte ;
Le voilà ! qu'il soit votre appui !

Que cette mître vous couronne !
De votre Épiscopat la pompe et l'ornement,
Qu'elle ait sur votre front l'éclat du diamant !
C'est Dieu même qui vous la donne.
Des plus belles vertus sa gloire est la splendeur ;
Qu'elle soit pour le peuple un reflet du Seigneur
Et le montre en votre personne !

Au nom de Dieu portez ces gants ;
De la beauté du Christ le glorieux symbole,
Ils inclinent les Cieux à la simple parole
Que murmurent vos vœux ardents.
Comme autrefois Jacob ils ravissent la grâce ;
Le Père, à leurs parfums, sent l'aîné de sa race
Et bénit en Lui ses enfants.

Le Prélat s'est levé dans sa magnificence.
Au trône qui l'attend on le voit qui s'avance
Sous l'éclat de sa majesté,
Quand d'échos en échos le TE DEUM s'élance,
Par milliers de voix répété.

Soudain le temple fait silence,
Le Pontife d'Arras, pour la première fois,
Par un chant solennel et trois signes de croix
Bénit la pieuse assistance.
Le peuple a répondu ; l'écho retentissant
Par tout le diocèse en a porté l'accent ;
Le canon gronde au loin, c'est la voix de la France
Qui mêle sa réjouissance
A l'allégresse de tout cœur ;
On veut éterniser ces heures fortunées
Et le nouveau Prélat à son Consécrateur
Répète par trois fois : « POUR DE LONGUES ANNÉES !
Gloire, gloire au Seigneur !

Pontife et Chef de la doctrine
Pasteur et Père, en ce beau jour,
Devant Toi notre âme s'incline
De respect, d'hommage et d'amour.
De l'Église Prélat et Prince !
Si ton cœur vaut une province
Pour un grand Métropolitain [1],
Pour tes enfants, ton cœur de père
Vaut plus qu'un monde, au sanctuaire
C'est le trésor du Cœur divin !

Nous savons tous de quelles flammes
Va briller le ciel du bercail,
Et quelles vertus, dans les âmes,
Va faire fleurir ton travail.
Si longtemps, chaire, basilique,
Séminaire et palais antique
Ont resplendi de ta clarté !
Ah ! viens et reviens sur nos plages,
Viens ranimer la foi des âges
Au flambeau de la vérité.

[1] Paroles de Monseigneur l'Archevêque de Cambrai.

Qui ne voit par quelle tendresse
Tu daignes descendre vers nous !
Qui ne sait que ta seule ivresse
Est la paix et le bien de tous !
Un Pontife est le grand mystère
De l'amour du Christ sur la terre,
Il nait de son sang au saint lieu !
« [1] Il se nourrit d'une blessure.... »
A sa voix toute créature
Écoute, adore et bénit Dieu !

O six août ! ô sacre de Gloire !
Là mille prêtres, tes enfants,
A leur Pontife, à Sa mémoire
Apportaient leurs cœurs palpitants.
Autour de l'autel et du trône
Ils formaient tous une couronne,
Et marquaient un grand souvenir....
D'Auvergne, Parisis, Lequette,
Règne d'amour, même houlette
Que tout cœur se plait à bénir !

LESAGE,
Aumônier de l'Hôpital militaire.

[1] Pascor a vulnere (sceau du Prélat) !

www.ingramcontent.com/pod-product-compliance
Ingram Content Group UK Ltd.
Pitfield, Milton Keynes, MK11 3LW, UK
UKHW022206190726
13855UKWH00004B/1647

9 782013 037723